This Journal Belongs to:

_____

_____

_____

_____

Maisy Medford

No part of this book may be reproduced, distributed, or transmitted by any means without the permission of the publisher.
All rights reserved.

DATE ..../......../...............

DATE......../........./...............

DATE ..../ ..../ ....

DATE ……../……../……………

DATE……../……../……………

DATE......../......../...............

DATE ..../......../..............

DATE......./......./...............

DATE……./……./……………

DATE......../........./................

DATE......../........./...............

DATE......../......../..............

DATE......../......../...............

DATE ..../......./...............

DATE......../......../...............

DATE ..../......../................

DATE......../......../...............

DATE......../........./...............

DATE......../......../...............

DATE......../.........../...............

DATE......../........./...............

DATE......../......../...............

DATE......../......../..............

DATE ……/……/……………

DATE......./......./...............

DATE ..../......../................

DATE......../........./................

DATE......./......../...............

DATE......../........./................

DATE ..../ ..../ ....

DATE......../......../...............

DATE ...... / ...... / ....

DATE......../......../................

DATE ……/……/……………

DATE......../......../..............

DATE......../........./...............

DATE……/……/………….

DATE ..../ ..../ ....

DATE……/……/………….

DATE ……/……/………

DATE......../........./...............

DATE......./......./...............

DATE......./......./...............

DATE……/……/………

DATE......../........./...............

DATE......./......../................

DATE......../........./...............

DATE......../......../...............

DATE……../……../……………

DATE......../......../...............

DATE……../……../……………

DATE......../......../..............

DATE……../……../……………

DATE......../......../...............

DATE......../........./...............

DATE......../......../..............

DATE ……../ ……../ ……………

DATE ..../......./...............

DATE......../......../...............

DATE……../……../……………

DATE......../......../................

DATE......./......./..............

DATE......../......../................

DATE ……/……/………

DATE......../......../................

DATE......../......../...............

DATE......../......../...............

DATE......../......../...............

DATE......../........./................

DATE......../......../...............

DATE......../........./...............

DATE ..../ ..../ ....

DATE......../........./...............

DATE ..../......../...............

DATE……../………/……………

DATE......../........./................

DATE......../........./...............

DATE......../......../................

DATE......../........./...............

DATE......../......../...............

DATE......../........./................

DATE......../......../...............

DATE......../......../................

DATE......../......../...............

DATE ..../......../................

DATE......../......../................

DATE......../......../................

DATE ..../......../..............

DATE ..../......../................

DATE......../......../................

DATE ..../......./...............

DATE......../......../...............

DATE......./......./...............

DATE......./......../...............

DATE ..../......../................

DATE......./......./...............

DATE ……/……/……………

DATE......./......./..............

DATE ……../……../……………

DATE ..../......../...............

DATE......./......../...............

DATE......../......../................

DATE……/……/…………

DATE......../......../...............

CPSIA information can be obtained
at www.ICGtesting.com
Printed in the USA
LVHW082309230819
628840LV00005B/184/P